(Conserver la couverture)

UNE

LÉGENDE APOCRYPHE

UNE

LÉGENDE APOCRYPHE

En 1885, le *Courrier des Alpes,* décrivant les fêtes par lesquelles la ville de Thonon avait célébré le deux centième anniversaire de la canonisation de saint François de Sales, signalait entre autres l'illumination du château de Foras encadré dans une double guirlande de feu ; puis il ajoutait : « Madame la comtesse de Foras et Messieurs ses fils devaient bien cet hommage à leur *saint parent,* car : « c'est principalement « Michel de Foras que voulait désigner l'apô-« tre du Chablais dans sa lettre du 7 avril 1595, « en disant : *Je reste à Thonon parce que* « *ici j'ai des parents qui me portent res-* « *pect.* »

La même année, M. Despine rééditait cet article du *Courrier* dans sa *Relation des Fêtes commémoratives de la Canonisation, etc.,* page 51.

Or, ces lignes étant tombées récemment sous les yeux de M. Jules Vuy, de Genève, lui ont fortement déplu. Il a donc pris la plume et, sous ce titre : *Une Légende apocryphe,* il vient de publier, dans la *Revue savoisienne,* un long article où je lis ce qui suit :

« Lorsque fut écrite la lettre de saint Fran-
« çois de Sales, le 7 avril 1595, Michel de Fo-
« ras était loin d'être au nombre de ceux qui,
« dans le Chablais, *portaient respect* au jeune
« apôtre, il était un de ses *adversaires les*
« *plus prononcés,* un des *sectaires les plus*
« *ardents,* un des moins disposés à l'enten-
« dre... Avec le ministre Petit, il fit long-
« temps à l'apôtre une vive opposition ou plu-
« tôt une *guerre impitoyable.* C'est ce qu'ont
« généralement raconté les auteurs et ce que
« prouvent d'une manière catégorique les piè-
« ces officielles conservées dans la bibliothèque
« du Vatican... Comme le ministre Petit lui-
« même, Michel de Foras ne se rendit, pour
« ainsi dire qu'à la dernière heure ; ils marchè-
« rent constamment d'accord entre eux, etc. »

Et il cite en preuve le témoignage du P. Charles de Genève, celui des biographes de saint François de Sales : de Baudry, Hamon, Pérennès ; enfin, celui d'un auteur qui a publié naguère diverses pièces concernant la mission du saint en Chablais et tirées par lui des archives du Vatican.

En voyant des accusations si graves, aussi nettement formulées par un érudit de cette valeur et cette masse de témoins à charge, les lecteurs de la *Revue savoisienne* ont certainement pensé que les affirmations de M. J. Vuy étaient dix fois prouvées. Pour moi, ayant cru voir de la passion dans son article, je me suis défié.

J'ai du reste la mauvaise habitude de vérifier les citations des auteurs. J'ai donc lu fort attentivement, aux endroits indiqués, le P. Charles de Genève : il m'y apprend que le jeudi, 1er jour d'octobre 1598, le légat du pape, en présence de S. A. R., « receut l'abjuration du ministre Pierre Petit, de M. de Foraz, et de quelques autres gentilshommes du païs de Chablais, etc. »

J'ouvre ensuite l'abbé de Baudry (II, p. 186); MM. Hamon (1862, t. I, p. 300), Pérennès (I, 343) ; ils répètent la même chose en termes identiques, et... c'est tout. Pas plus que Charles de Genève, ils ne disent rien, absolument rien du *rôle passionné* qu'aurait joué M. de Foras, rien de la *guerre impitoyable* qu'il aurait faite à son cousin, rien de ses rapports avec le ministre Petit.

Restait Peraté : cet auteur a pu fouiller les archives du Vatican qui contiennent en grande partie l'histoire de Thonon. Evidemment, me disais-je, c'est lui qui va nous fournir la preuve, le texte accusateur. J'ouvre donc la brochure de Peraté à l'endroit indiqué, page 67, et j'y trouve, à la fin du rapport envoyé au nonce par Mgr de Gribaldi, en octobre 1599, les lignes suivantes que je traduis fidèlement de l'italien :

« D'après le rapport de Mgr le Rév^{me}, il y
« avait avant les Pâques dernières près de
« onze mille convertis, mille personnes au
« moins se sont converties depuis cette épo-
« que. Parmi eux (sans compter le seigneur
« d'Avully, le seigneur *de Foraz,* Fornier,
« Vallon, Allemand, etc., tous de noble extrac-
« tion) on remarque plusieurs gentilshommes
« et le ministre Petit. » Puis... plus rien.

M. Jules Vuy, à défaut de preuves directes, aura sans doute raisonné par induction : M. de Foras est un des derniers bourgeois qui aient abjuré ; donc c'était un sectaire ardent, un adversaire prononcé de François de Sales. Il a prononcé son abjuration après le ministre Petit, donc il avait été d'accord avec ce dernier pour faire à l'apôtre du Chablais une guerre impitoyable.

Toutefois, ces conclusions pourront sembler un peu larges à un logicien, voire à un magistrat, surtout s'il sait — ce que M. Jules Vuy semble ignorer — que M. de Foras n'habitait alors ni Thonon ni le château de Thuiset qui ne lui appartenait point, mais bien une maison-forte située au Bourg-Neuf, dans la commune de Douvaine (1).

En résumé, rien ne prouve que M. de Foras fût un adversaire prononcé de François de Sales.

Etait-il un de ceux qui lui *portaient respect*, comme le disait le correspondant du *Courrier des Alpes* ? — Nous pourrions, *a priori*, répondre à cette question d'une manière affirmative sans trop craindre de nous tromper : car ils étaient très proches parents.

(1) Aussi, dans la liste des chefs de famille convertis (1596-99), liste conservée au Vatican, publiée d'abord à Leipsick, en 1843, et reproduite dans le IIe volume des *Mémoires de l'Académie Salésienne*, noble Michel de Foras ne figure-t-il pas avec les convertis de Thonon, mais bien à la tête de ceux de Douvaine. (*Mémoires* cités, page 256.)

Mais nous n'en sommes pas réduits à des conjectures. Nous savons que les deux familles, malgré la diversité des croyances, continuaient d'entretenir des relations amicales. Lorsque François de Sales, père du saint, acheta la seigneurie de Brens, le 17 août 1568, Louis de Foras, père de notre Michel, était au nombre des témoins.

Il assiste encore avec son fils Michel au contrat définitif conclu à Thonon le 12 février 1569. (*Pourpris historique*, pages 559-560.) Ce même Louis de Foras, faisant son testament, en 1573, substitue, dans tous ses biens, François et Louis de Sales, ses neveux.

René Favre, le fils du célèbre jurisconsulte Antoine Favre, appelé à déposer lors de la béatification de François de Sales, déclare expressément que Michel de Foras, quoique calviniste, était un de ceux qui aimaient à rendre service à l'apôtre du Chablais (1).

---

(1) Vitroz, *Apostolat*, page 103, d'après le volume des dépositions, qu'il avait en sa possession. C'est, du reste, M. l'abbé Vittoz, alors vicaire à Thonon, qui avait envoyé au *Courrier des Alpes* la correspondance signalée plus haut. Pour s'en convaincre, il suffit de lire dans son *Apostolat*, paru la même année, la note de la page 30.

Concluons donc. La *légende apocryphe* n'est pas celle qui met Michel de Foras au nombre de ceux qui portaient respect à saint François de Sales, mais bien celle éditée par M Jules Vuy, et nous croyons que cet auteur, d'habitude mieux inspiré, regrettera d'avoir lancé une accusation aussi peu justifiée. A moins que ce dernier, sous l'*ombre* d'une rectification historique, n'ait évoqué l'*ombre* de Michel de Foras que pour le malin plaisir de *marcher sur l'ombre* d'un autre personnage qui lui fait *ombre*.

Annecy, 15 décembre 1890.

355-91. — Annecy. Imp. F. ABRY.

www.ingramcontent.com/pod-product-compliance
Lightning Source LLC
Chambersburg PA
CBHW071438060426
42450CB00009BA/2234